KB203538

사랑하는 사람을 위한 기도

용혜원 목사

매 일 기 도 문

사랑하는
사람을 위한
기도

책만드는집

들어가는 말

아픔이나 고통을 경험하지 않은 사람은 없습니다.
아픔이 있을 때 진실한 자신의 모습을
바라볼 기회가 생깁니다.
행복할 때보다 불행할 때 진정한 친구를 만날 수 있습니다.
간절히 기도할 때 주님께서
우리의 다치고 상한 마음을 꼭 감싸 안아주실 것입니다.
사랑하는 사람을 위한 기도는
따뜻한 메아리가 되어 돌아옵니다.
이 기도가 우리의 믿음 안에서
당신의 것이 되기를 간절히 바랍니다.

용혜원

차례 사랑하는 사람을 위한 기도

우리는 용서받은 사람들

이 세상에 용서받지 못할 잘못이
뭐가 있겠습니까?
우리는 모두 다 용서를 받은 사람들입니다

남에게 용서받을 때
남을 용서할 때
우리의 마음은 순수해집니다
우리의 마음은 한결 따뜻해집니다

묶어두었던 매듭을 모두 풀어버립시다
닫아두었던 문을 활짝 열어버립시다
그럴 때 우리의 삶에 모든 의문부호가 사라지고
수많은 느낌표가 찾아옵니다

용서받고 나면
용서하고 나면
눈과 같이 깨끗한 사랑을 나눌 수 있습니다

우리의 삶은 한결 가볍고 새로워집니다
삶에 의미가 생기고 행복해집니다

불안에 휩싸일 때

삶이 불안에 휩싸일 때
주님 앞에 경건함으로 평안을 찾게 하소서
슬픈 얼굴로 잃어버린 것들을 안타까워하며
두 눈 가득히 눈물짓기보다는
소유한 것들을 나눌 수 있음을 감사드리며
즐거운 마음으로 미소 짓게 하소서

두려움 속에 떨며 서 있지 않게 하시고
순간순간마다 함께하셔서
평안으로 인도하시고 행복한 일들을 펼쳐주시는
주님의 손길을 느끼며 살게 하소서

슬픔도 절망도 한계가 있다는 것을 알게 하시고
지나간 아픔도 그리움으로 만드는
마음의 여유를 갖게 하소서

우리의 눈으로 항상 미래를 바라보게 하시고

나약한 순간에도 마음의 안정을 찾게 하소서
나의 삶을 세밀하게 관찰하시는
주님을 바라보게 하소서

하늘을 바라볼 때 고독을 느끼기보다
소망이 펼쳐져 있음을 알게 하시고
항상 베풀어주시는 은혜 속에 굳건히 서서
모든 일에 감사하며 살게 하소서

어울림 속에 함께 살아가게 하소서

삶에 못질을 수없이 당해 머리가 아파오고
마음의 슬픔이 자꾸만 커질 때가 있습니다
외로움에 이곳저곳을 둘러보아도
도와줄 사람이 아무도 없을 때가 있습니다

마음 푹 놓고 몸을 맡긴 채
편안히 기대고 싶은 누군가가 있다면
아픈 몸도 곧 나을 것입니다
마음을 잘 아시는 주님께서 함께해주소서

삶이란 서로 어울리면서 살아가는 것
외롭고 힘들고 지칠 때
고단한 마음을 서로 나눌 수 있는
마음의 여유를 가졌으면 좋겠습니다

우리가 힘들고 어려울 때마다
무거운 짐을 모두 다 내려놓고

주님께 편안히 기댈 수 있게 해주소서

나그네 같은 무심한 세상살이라지만
남의 아픔에 미동도 하지 않고
방관하고 지켜보고만 있다가
도망치듯 몸을 숨기기보다는
서로 돌봐주고 격려해주며 위로하게 하소서
서로의 마음의 벽을 허물어버리고
서로에게 다가갈 수 있게 해주소서

삶이란 서로 어울리며 살아가는 것
남이 어려움에 빠져 있을 때 찾아가게 하소서
내가 곤경에 빠져 있을 때
주님의 사랑이 발자국 소리를 내며
나를 반갑게 찾아와 주실 것을 믿습니다
주님께서 우리와 함께해주소서

믿음의 첫걸음을 바르게 걷게 하소서

높은 산에 오르는 것도
첫걸음부터 시작되오니
믿음의 끈을 제대로 매고
새롭게 출발하게 하소서

참된 믿음의 삶을 살기 위해
믿음과 소망과 사랑 속에 살게 하시고
믿음의 첫걸음을 바르게 걷게 하소서

죄와 실망과 비난과 실패와
고통 속에서 만들어지는 마이너스 기분을
기도의 응답과 구원의 사랑과 주님의 손길 속에서
플러스 마음으로 만들어주소서

때로는 모든 일이 제대로 되지 않는 날이 있더라도
답답한 기분에 사로잡혀 불평하지 않게 하소서
날마다 새롭게 펼쳐주시는 은혜 속에

주님의 능력을 삶의 현장에서 체험하게 하소서
주님의 은혜를 날마다 체험하며
하나씩 하나씩 믿음의 능력을 쌓게 하소서

아픔을 함께 나누게 하소서

힘 잃은 눈동자, 축 처진 어깨, 기댈 곳 없는
병들고 소외된 사람들,
고통당하는 사람들, 버려진 사람들
그들의 아픔을 함께 나누게 하소서

마음의 벽을 쌓지 않게 하시고
마음을 활짝 열고
따뜻한 사랑을 나누게 하소서

그들이 하찮고 보기 싫은 사람들이 아니라
우리의 형제요, 자매임을 알게 하소서
그들에게서 벗어나려 하거나
무심한 표정으로 못 본 척 외면하기보다는
한 발짝 다가가게 하소서

잘 다듬어지지 않은 허점투성이인 나지만
온전한 마음으로 상처를 덮어주며

사랑을 나누게 하소서
주님의 사랑에 감염되어
감싸주게 하소서

우리의 절실한 필요를 채워주시는
주님의 사랑을 체험했으니
그들이 아픔을 느낄 때
따뜻하고 편안한 마음으로
하나가 되게 하소서

사랑의 말을 하게 하소서

사람들은 말 한마디로 인해
행복과 불행을 넘나드오니
내 입술로 사랑의 말을 하게 하소서

무시하는 말로 마음에 상처를 입으면
그 상처가 너무나 커
잊지 못할 아픔이 되니
오직 사랑으로 서로를 감싸게 하소서

거친 말로 남을 멸시하고
허물을 끄집어내며 인격을 손상시키는 말을
내뱉지 않게 하소서

부드러운 말로 서로를 격려하며
칭찬과 위로와 평안의 말로
주님의 사랑을 나누게 하소서

말은 우리 마음의 표현이오니
우리의 마음을 인도해주시는
주님의 마음을 닮아
복된 말을 하게 하소서

말로써 주님을 고백하며 시인하며 전하게 하소서
주님이 우리를 견고하고 깊게 사랑하시는 것처럼
서로를 돌보며 진정으로 사랑하게 하소서
다른 사람을 존귀하게 여길 때
우리도 존귀한 대접을 받음을 알게 하소서
주님의 온유하고 겸손하신 마음을 본받아
말을 할 때마다 한 마디 한 마디 생각하며
진실한 마음을 표현하게 하소서

주님께서 내 마음을 주장하사
내 입술이 사랑의 말을 실천하게 하소서

내 하루의 삶

어둠이 벗겨지는 아침이 오면
세상이 낱낱이 드러나듯이
주님의 시선으로 바라보시면
나의 모든 것이 훤히 다 들여다보일 텐데
무엇을 가리고 무엇을 속이겠습니까?

내 마음에 아픔과 죄가 있다면
뜨거운 눈물로 회개하며
주님을 만나기를 원합니다

사람과 사람 사이에는 사랑이 있습니다
내 곁에 있는 사람들을
주님이 주시는 사랑으로 사랑하게 하소서

어둠 속을 어슬렁거리는 도둑고양이처럼
늘 삐뚤어진 마음으로
생각하는 버릇에서 벗어나게 하시고

어리석은 행동에서 벗어나게 하소서

날마다 분주함 속에
떠밀려 살아가지 않게 하소서
아무 가치 없는 것들에
이끌려 살지 않게 하시고
쓸데없는 고민으로
마음 다치지 않게 하소서

삭막한 삶이지만
슬픔의 무게에 눌려 아파하기보다는
기쁨의 날개를 달고 벗어나게 하소서

하루의 삶이 쓸쓸함의 시작이 아니라
기쁨의 시작이 되게 하소서
주님이 주시는 평안 속에
기뻐하며 살게 하소서

삶에 소망을 주소서

내가 내 삶의 주인이 되려고 하면
실패만 거듭할 뿐이니
주님께서 내 삶에 소망을 주소서

내 생명, 나의 모든 것이
주님으로부터 왔음을 아오니
내 삶의 모든 소유가 주님이시기를 원합니다

살을 도려내는 듯한 아픔을 주는
절망과 긴장감과 실패와 시린 가슴을
사랑으로 덮어주시고
소망과 기쁨이 가득하게 해주시기를 원합니다

나의 능력만을 믿고 자만하다 다치지 않게 해주시고
온 마음으로 주님의 능력과 지혜를 받게 하소서
불평하고 비난하기보다는
고난 속에서도 주님의 구원의 참뜻을 깨닫게 하소서

절망의 깊은 나락에 빠져 눈물이 가슴에 차올라도
주님 앞에서 도망치지 않게 하시고
진심으로 주님을 찾게 하소서
고난을 통해 모든 것을 잔잔하게 해주사
벅찬 기쁨 속에서 주님의 능력의 손에
붙잡혀 살게 하소서

모질게 찔러오는 고통에 처했을 때
주님께 가까이 나아가
사랑의 깊이를 체험하게 하소서
불신앙에서 벗어나게 하시고
내 삶의 방향과 내 꿈의 방향이
주님이 원하시는 방향으로 향하게 하소서
주님께서 언제나 내 삶의 벅찬 기쁨이 되어주시고
내 삶의 영원한 소망이 되어주소서

단순하게 살게 하소서

복잡하고 분주한 세상에서
쓸데없는 고민 하지 말고
괜한 걱정 하지 말고
앞뒤 없이 성급하게 서두르지 말고
단순하게 살게 하소서

욕심만 많고 의욕만 가득해
할 수 없는 일을
쭉 늘어놓고 이리 뛰고 저리 뛰며
숨도 제대로 쉬지 못하고 살아가기보다는
해야 할 일을 차분히 정리하며
마음의 여유를 찾게 하소서

두려움과 불안으로
삶을 헛되이 망치지 않게 하소서
욕심의 줄을 하나하나 끊어버리고
차분한 마음으로

주님의 인도하심에 따르게 하소서

단순하게 살아가며
작은 일에 즐거움과 행복을 느끼며 살게 하소서
사람들의 일하는 모습에서
사람들의 즐거워하는 모습에서
주님이 함께하심을 느끼며 살게 하소서

유혹에서 벗어나게 하소서

나의 생각 속에서 죄악이 풀려나와
발목을 잡아당기지 않게 하소서
나의 몸을 휘감지 않게 하소서

시커먼 속내를 모두 다 숨기고
나를 부르며 오라 손짓하는
유혹에 빠져 들지 않게 하소서
나의 영혼을 덮치지 않게 하소서

내가 힘들고 지칠 때마다
믿음의 초점을 제대로 맞추게 하사
나를 인도하시는 주님을 바라보게 하소서

나의 중심을 주님께 드리게 하사
믿음으로 꾸미게 하소서
주님의 사랑을 가슴 깊이 느끼게 하소서
주님께로 나아가야 할 순간에 잔뜩 긴장해

마음의 무게를 느끼며 헤매지 않게 하소서
주님을 향해 내딛는 발걸음마다 힘을 주소서

죄악이 된 유혹이 나를 끌고 가기 전에
주님께 무릎을 꿇게 하사
잠시 잠깐의 화려한 유혹에서 벗어나게 하소서

내가 연약해질수록 나를 바라보시는
주님의 손을 잡게 하소서
모든 유혹에서 벗어나 회개함으로 죄악을 털어버리고
죄악을 용서받은 마음의 가벼움을 체험하게 하소서
유혹에서 벗어나게 하사
진정한 자유를 누리게 하소서

내가 먼저 사랑을 베풀게 하소서

내가 먼저 다른 사람에게 도움이 되어주면
내가 도움이 필요할 때 그들도 나를 찾아와 줍니다
주님이 우리에게 먼저 찾아와 주신 것처럼
내가 먼저 남을 돕게 하소서

내가 먼저 다른 사람에게 사랑을 나누어주면
내가 외로울 때 그들도 나를 위로해줍니다
주님이 우리의 기도를 들어주신 것처럼
내가 먼저 그들의 이야기를 들어주게 하소서

내가 먼저 다른 사람에게 용서를 베풀면
내가 죄로 고통당할 때 그들도 나를 위해 기도해줍니다
주님이 우리의 죄를 모두 용서하신 것처럼
내가 먼저 이웃을 용서하며 살게 하소서

내가 먼저 다른 사람에게 친절을 베풀면
내가 어려울 때 그들도 나를 배려해줍니다

주님이 우리의 친구가 되어 늘 동행하시는 것처럼
내가 먼저 가까운 사람들에게 친절을 베풀게 하소서

내가 먼저 다른 사람에게 나눔을 실천하면
내가 부족할 때 그들도 나의 부족함을 채워줍니다
주님이 나의 모자람을 알고 가득 채워주신 것처럼
내가 먼저 나눔을 베풀게 하소서

마음을 가다듬게 하소서

견딜 수 없는 분노에
확 터져버린 화산처럼 뜨겁게 타올라
앙갚음하고 싶은 마음이 가득할 때가 있습니다
그럴 때마다 우리의 마음을 안정시켜주시고
기도로 생각을 가다듬게 해주소서

당한 만큼 그보다 더 많이 부숴버리고 싶은
감정에 휩쓸릴 때가 있습니다
세상 모든 사람이 적처럼 느껴지고
한없이 미워질 때가 있습니다
내 미움의 열기를 식혀주사
냉철하게 현실을 바라보게 하소서

사랑과 미움이 서로의 벽을
높게 높게 쌓아가고
삶에 대한 열정과 흥미가 사라져갑니다
고달픈 몸에서는 증오의 독소가

한꺼번에 뿜어 나옵니다

모두 다 내뱉고 싶은 저항의 몸짓입니다
우리의 모든 죄악을 홀로 지시고
오직 사랑으로 살펴주시는
주님을 바라보게 하소서

마음의 혼돈 속에 갈피를 잡을 수가 없습니다
내 마음을 사로잡아 주사
스스로 덫을 놓고 살아가지 않게 하소서
성령으로 내 마음을 깨끗이 씻어주시고
온유하고 겸손하신 주님의 마음을 남겨주소서
사랑의 힘이 얼마나 위대한지 깨닫게 하소서

후회 없이 살게 하소서

살면 살수록 힘겨운 세상살이
생살 한 점 뚝 떨어져 나간 듯이
몹시 아팠을 때
하늘을 바라보며 한없이 울고 싶었습니다
땅을 치며 고래고래 소리 지르고 싶었습니다
지금 이렇게 주님께 기도드림으로
마음의 여유를 갖습니다

아파하며 살 수밖에 없는 삶
울컥울컥 토하고 싶은 울분이 쌓여만 갈 때
친한 친구를 불러내
속마음을 다 털어놓고 싶었습니다
지금 이렇게 주님께 기도드림으로
마음을 쏟아놓습니다

험한 세상살이
어찌 살겠다고 이 난리들인지 모르겠습니다

지금 이렇게 기도드림으로
갈 길을 인도받습니다

오가는 사람들 속에 섞여 살다가
어느 날인가 모든 것을 훌훌 벗어던지고
훌쩍 떠나가 버릴 텐데
미련 없이 살아가게 하소서
후회 없이 살아가게 하소서
늘 주님의 인도하심에 감사하며 살게 하소서

불평하고 싶은 마음이 생길 때

삶의 순간순간마다
수많은 감정의 변화가 일어나지만
기쁨을 만들어갈 수 있는
기분 좋은 마음의 여유를 갖게 하소서

불평만 하며 힘들다고 포기하며
어두운 마음으로 우울하게 살기보다는
참된 기쁨을 만들어가게 하소서

삶이란 마음먹기에 따라 달라지는 것
가슴에 뜨겁고 커다란 희망을 갖고
위대한 꿈을 이루어가게 하소서

작은 단점만을 끄집어내며 소심해지기보다는
주님이 우리에게 주신 수많은 장점과
잠재력을 발견하게 하소서

멋진 내일을 기대하며
생기 넘치는 즐거운 마음으로
마음껏 희망을 펼쳐나가게 하소서

행복하게 해줄 수 있게 하소서

이 세상에는 수많은 사람이 살고 있지만
그중에 우리가 만나는 사람은
지극히 적습니다
만나는 사람보다 스쳐 가는 사람,
낯익은 사람보다 모르는 사람이 더 많습니다

우리가 삶을 살아가며 한 사람이라도
행복하게 해줄 수 있게 하소서
만남은 참으로 소중하오니
주님이 허락한 만남 속에서
사랑과 나눔의 삶을 살게 하소서

얼굴 가득히 웃음꽃 피어나는 기쁨을
서로 공유하게 하시고
슬픔은 서로 나눔으로
서로의 마음속에 따뜻한 사랑이 흐르게 하소서

우리의 마음은 너무나 좁고 부족하오나
내 마음의 자리에 주님이 함께하심으로
날마다 주님을 닮아가는 삶을 살게 하소서

외로움과 고독에 갇혀 있는 사람이
불안에 쫓기고 절망의 늪에 빠져
어쩔 줄 몰라 할 때
우리가 따뜻한 손길로 그를 어루만지게 해주시고
그를 바라보며
우리에게 전해오는 기쁨을 체험하게 하소서

우리가 사랑을 베풀어감으로
더욱 행복하게 하소서

기쁨의 웃음을 웃게 하소서

나에게 필요한 것은 기쁨이기에
웃음이라는 귀한 선물을 주셨습니다
사랑하는 친구와 이야기를 나누면
저절로 웃음이 나옵니다
누군가 나를 인정해주면 기분이 좋아 웃게 되고
기대했던 일이 이루어질 때면
온 세상이 다 떠나가도록 크게 웃고 싶습니다

사랑하는 사람은 웃음이 넘쳐납니다
기쁨 속에 사는 사람은 웃음이 가득합니다
웃음은 성공과 행복을 만들어 축복을 가져다줍니다
행복한 가정에는 웃음이 있습니다
죄를 구원받은 사람의 얼굴에는 웃음이 있습니다
웃음은 주변 사람들을 기쁘게 만들고
사람과 사람 사이의 거리를 없애줍니다

우리의 삶이 주님으로 인해 만족하게 해주시고

웃음을 통해 삶의 지루함과 고독이 사라지게 하소서
오늘을 주 안에서 기뻐하며 살아감으로
내일의 삶도 기쁨 속에 웃음을 주소서
주님이 주시는 구원의 기쁨으로
날마다 행복한 웃음을 웃게 하소서

웃음은 희망을 주고 고통도 견딜 수 있게 하오니
주님께서 우리의 삶에 이루어주실 일을 기대하며
날마다 활짝 웃게 하소서

서두르게 될 때

빠른 속도를 요구하는 세상에서
쉴 틈 없이 분주하게 오가며 살다 보면
서두르고 급해지기만 할 때가 있습니다

남보다 앞서고 싶은 생각과
남보다 뒤처져 있다는 조급함이
마음을 분주하게 만듭니다
서두름은 욕구불만과 욕심에서
분출된다는 것을 압니다

분주한 삶은 우리를 지치고 힘들게 합니다
우리의 마음에 휴식을 갖게 하시고
여유를 주시옵소서

남보다 조금이라도 더 빨리 앞서고 싶은 마음에
느림의 여유보다 속도의 쾌감을 원하고 있습니다
서두르지 않는 한 발짝의 여유가 필요한 때입니다

나의 모든 삶을 주님께 맡기고
인도하심을 받게 하소서
무엇을 먼저 해야 하는지 깨닫게 하사
마음에 평안을 주소서

사랑하는 사람 곁에 있게 하소서

오, 주님!
혼자만 잘난 듯
욕심이 가득해
모든 일을 약삭빠르게 해치워 버리려는
나쁜 습성을 가진 사람이 있습니다

이 각박한 세상에서 따뜻한 마음으로
사랑하는 사람들 곁에 있게 하소서
주님의 사랑을 받았으니
이 귀한 사랑을 나누며 살게 하소서

우리의 삶은 나누는 것으로
때로는 자신의 부족을 느끼며 살아가야 합니다
혼자만의 행복을 원하다가
도리어 불행을 불러들이게 될 때가 많습니다
우리의 욕심만을 채우려 한다면
주위에 가슴 아파하는 사람들이 많아집니다

오, 주님!

여운이 남는 삶을 살아간다면

그 삶은 더욱 아름다울 것입니다

우리에게 주님의 고난의 사랑이

최고의 아름다운 사랑임을 알게 하심을 감사드립니다

우리는 사랑하는 사람들 곁에 있어야 합니다

우리가 주님의 사랑을 받았으니

이제 그 사랑을 나누며 살게 하소서

좋은 일이 많아지게 하소서

우리의 삶 속에서
좋은 일이 많이 생겨나서
모두 기분이 상쾌해지고 표정이 밝아지기를 원합니다

길을 가다가 우연히 반가운 친구를 만나고
만나는 사람들에게 좋아 보인다는 소리를 듣고
오래전부터 꿈꾸어 오던 일이
이루어지기를 원합니다

기쁨을 마음껏 표현할 수 있는
기쁘고 좋은 일이 많이 일어났으면 좋겠습니다
그동안 머리 아프게 고민했던 일이
술술 잘 풀렸으면 좋겠습니다
살다 보니 이런 일도 있구나 할 정도로 모든 것이
새롭게 변화되는 기쁨을 맛보았으면 좋겠습니다

오, 주님!

지금 이 순간도 주님의 은혜로 살고 있는데
괜한 욕심을 부리지 않기를 원합니다
작은 기쁨 속에서 큰 기쁨을 만들어가게 하소서
내 마음과 내 주변에서 일어나는 좋은 일이
각 방향으로 쉬이 흘러갈 수 있도록
주님 안에서 기쁜 일이
많이 일어났으면 좋겠습니다

긴장이 될 때

홀로 감당하기 어려운 일이나
중요한 일을 앞두고 긴장될 때
어깨가 무거워지고 가슴이 답답해집니다

머릿속에 수많은 생각이
쏜살같이 들어왔다가 도망치듯 달아납니다
'만약에'라는 생각 때문에 마음이 조여듭니다
주님께서 우리의 마음을 진찰해주시고
다정하게 보살펴주소서

긴장이 되면 생각이 잘 안 떠오르고
금방 두었던 물건도 어디에 두었는지
까맣게 잊어버리곤 합니다
초조한 마음에 신경이 날카로워집니다

오, 주님!
복잡한 것을 단순하게 생각하여

긴장을 풀게 해주시기를 원합니다
누구나 겪는 일인데 잘할 수 있다는
마음의 여유를 갖게 하소서
우리의 목자이신 주님의 인도하심을 받으며
참평안을 갖게 해주소서

손이 떨리고 등에 식은땀이 흐르고
머리가 지끈지끈 아파올 때에
그 속에 깊이 파묻히지 않게 하시고
주님께 기도하며 도움을 청하게 하소서
긴장시키던 갖가지 복잡하고 어려웠던 일도
시간이 지나고 나면
그리 대단한 일이 아니었음을 알게 하소서

오, 주님!
우리의 마음을 위로해주시고
인도하시는 주님께 모든 것을 맡기게 하소서

지갑이 가벼울 때

지갑에 돈이 없을 때
왠지 더 서글퍼지고 초라해집니다
배 속에서는 먹을 것을 요구하며
치열하게 투쟁하는 소리가 들려옵니다
친구에게서 만나자는 전화가 왔지만
이 핑계 저 핑계로 끊어버렸습니다

집에 늘 있던 라면마저도 없습니다
장롱을 열고 옷의 주머니란 주머니는 다 뒤졌습니다
혹시나 하는 생각 때문이었습니다
겨울 코트 주머니 속에 깊숙이 손을 넣었을 때
무언가가 손에 닿았습니다
만 원짜리 두 장
지난겨울에 넣어두고
까맣게 잊어버렸던 것입니다

동네 순댓국 집에 가서 순대 국밥을 한 그릇 시켜

배불리 먹고 나니
정말 세상에 부러울 것이 하나도 없었습니다

오, 주님!
집으로 돌아오며 생각했습니다
열심히 살아야겠다
부지런히 살아야겠다
내 삶이 비참해지지 않도록 성실히 살아야겠다
마음속으로 수없이 외쳤지만
거리를 오가는 사람들은 아무도 몰랐을 겁니다
오직 주님만이 내 마음을 아셨겠지요

희망의 집을 짓게 하소서

오, 주님!
이 넓고 넓은 세상
그 어느 곳에도
희망을 파는 곳은 없습니다

그런 곳이 있다면 모두들
희망을 한 아름 가득 안고 돌아올 것을
꿈꿀 것입니다
하지만 정말 그런 곳이 있다면
서로 먼저 희망을 사려고 하다가
온통 난장판이 될 것입니다
희망을 판다는 곳은 전쟁터가 되고 말 것입니다
사람들은 욕심이 많기 때문입니다
희망을 원하던 사람들 모두 다
절망을 안고 돌아오게 될 것입니다

이 세상 그 어느 곳에도

희망을 파는 곳은 없습니다
주님은 우리의 희망입니다
주님이 우리에게 주신 희망을 이루어가며
삶의 기쁨을 누리며 살게 하소서

희망은 우리의 마음에서 피어나
열매를 맺습니다
주님께서 우리의 삶에
열매를 맺게 해주소서

우리의 마음에 커다란 꿈을 그려놓고
주님 안에서 참소망으로
희망의 집을 짓게 하소서

마음껏 열정을 쏟는 삶을 살게 하소서

오, 주님!
우리의 삶은 곡예사의 줄타기처럼
너무나 아슬아슬합니다
늘 서툴러 익숙하기를 바랐더니
감당하기가 어려울 때가 많습니다
내 모든 삶을 주님께 맡기게 하소서

아무리 열정이 대단하다 해도 세월이 흘러가면
못다 태운 사랑의 열기는 식어갈 뿐인데
아직도 서성거리기를 반복하며
이러지도 저러지도 못하고
눈치만 살피고 있습니다
나의 모든 삶을 주님께 순종하며 살게 하소서

오, 주님!
어리석었습니다
참 못났습니다

주님께 기도하며 지혜롭게 움직여야 할 텐데
내 생각대로 내 고집대로만 움직였습니다
열심히 생활하고
온 힘을 다해 열정을 쏟았다면
이토록 후회스럽지는 않았을 것입니다
이제라도 주님께 기도드리니
마음껏 열정을 쏟는 삶을 살게 하소서

흘러가는 세월이 이마에 주름을 만들어놓고
온몸을 쇠하게 해도
가슴에 남은 주님이 주신 은혜로 살게 하소서
삶이 다하는 날까지 모든 영광을 주님께 돌리며
비록 화려한 삶이 아니더라도
아무런 후회 없이 살게 하소서

고집 부리지 않게 하소서

우리가 삶 속에서 쓸데없는 고집을 부리지 않고
마음에 여유를 갖고 살아간다면 편할 것입니다
어떤 일이 닥쳐오면 우리는 온갖 상상력을 다 동원해
헛된 가상의 생각에 빠져 고민합니다
그냥 받아들이면 왠지 손해 보는 것만 같아
고집을 부리고 싶을 때
삶을 더 멀리 바라볼 수 있는 눈이 열리기를 원합니다

우리가 해야 할 일을 방관하거나
그대로 놓아두지 말게 하시고
행할 일을 행함으로써
보람을 느끼게 해주시기를 원합니다

고집은 자신의 부족함과 연약함이
그대로 나타나는 것이 두려울 때 생기니
마음을 새롭게 전환해 자신의 모습을 그대로 보여도
초라하거나 비굴하지 않음을 깨닫게 하사

어리석은 행동에서 벗어나게 해주시기를 원합니다
고집은 불화를 일으키고 기분을 상하게 만들고
서로의 관계를 끊어지게 만듭니다
고집을 부리면 부릴수록 초라해지고
휘청거리는 자신을 느낄 수 있습니다

우리가 바라는 것은 이루어질 수도 있고
때로는 이루어지지 않을 수도 있으니
틈틈이 짬을 내어 자신을 돌아보게 하사
언제나 실망하지 않고 새로움을 추구하게 하소서

우리의 삶을 풍요롭게 하는
주님의 마음을 배움으로
여유롭게 살기를 원합니다
삶을 어지럽게 살아가는 것이 아니라
기도와 말씀의 훈련을 통해
깔끔하게 정돈된 마음가짐으로 삶으로

스스로 행복을 느끼게 해주소서

베풀고 나눔으로

마음의 충만함을 체험하게 하소서

고집 부리던 마음을 버리고

세상을 넓게 바라보며

성숙된 신앙으로 살게 해주시기를 바랍니다

고단한 하루를 마치며

오, 주님!
세상 살기가 너무나 힘들어 휘청거리지만
열심히 일해도 남는 것은 늘 허탈뿐입니다
하루 종일 고된 일에 시달리고 나면
온몸이 아프고 힘든데
손에 쥐어지는 돈은 너무나 적습니다

세월의 난간은 위태로워 걷기조차 힘든데
원수 같은 가난은 썰렁한 바람만 일으키고
돈 들어갈 곳은 왜 그리도 많은지
벌어도 벌어도
가난의 갈퀴가 긁어 가는 것을
당해낼 재간이 없습니다

오, 주님!
어떤 사람은 놀면서도
호의호식하며 편하게 사는데

온몸이 부서지도록 일을 해도 표시가 나질 않으니
큰소리치고 사는 사람들을 보면
머리끝까지 분노가 치솟아
원망스러운 세상을 향해
욕이라도 실컷 퍼붓고 싶습니다

비록 힘든 몸일지라도
돼지 껍데기에 막소주 한잔이면 흥이 납니다
흘러간 노랫가락에 덩실덩실 춤추고 싶습니다
힘겨운 세상살이
늘 눈물에 젖는데
떠오르는 아내와 자식들 얼굴에
노동의 고달픔도 이겨내며 살아갑니다
늘 뒤집어지는 세상을
늘 대박 터지는 세상을 꿈꾸고
가난의 껍질이 다 벗겨지는 꿈을 꿔보아도
노동자의 삶은 피곤할 뿐입니다

오, 주님!
노동자들과 함께해주소서
그들의 삶은 얼마나 힘들고 외롭겠습니까?
주님께서 그들의 영혼을 인도해주소서

멋진 인생을 살게 하소서

멋진 인생을 살고 싶습니다
우리의 삶은 너무나 소중하기에
삶 속에 변화가 있기를 바라고
경이로운 일이 일어나기를 기대하며 살아갑니다
우리에게 멋진 인생을 사는 법을
가르쳐주시기를 원합니다

내 가족이나 가까운 사람들만
사랑하게 하지 마시고
좀 더 많은 사람과 사랑을 나누며
살게 해주시기를 원합니다
미움과 시기로 진흙탕에 뒤범벅이 된 삶보다
항상 여유와 인내가 가득한 삶을 살기를 원합니다
주변 사람들에게 칭찬과 격려를 아끼지 말게 하시고
늘 준비하고 약속을 잘 지키며
정직한 삶을 살게 해주시기를 원합니다

이 지상에서 주님처럼 멋지게 사신 분이
어디에 있겠습니까?
아무 욕심 없이 온유하고 겸손한 마음과 사랑으로
모든 사람의 죄를 대속하신 그 삶은
영원히 찬양과 경배를 받을 위대한 삶입니다
우리의 삶도 주님의 삶을 닮아가게 하사
돌아봐도 늘 후회 없는 멋진 인생을 살게 하소서

주님을 온전히 바라보게 하소서

나의 눈동자가 죄악을 훑어내지 말게 하시고
하늘에 눈길을 돌려
주님을 바라보게 하소서

이 각박한 세상의 고통에서 벗어나게 하는
주 안의 평안과 휴식을 알게 하사
주님의 사랑이 얼마나 소중한지 깨닫게 하소서
모든 길이 주님을 향한 발길이 되게 하소서

내 몸에 흐르고 있는
주님의 사랑의 파도를 타게 하시고
나의 눈동자로 주님을 온전히 바라보게 하사
보배로운 눈이 되게 하소서

내 삶의 한 부분만 보고 실망하지 말게 하시고
내 삶 전부를 인도하시는
주님의 손길을 따르게 하소서

때때로 분주한 삶의 발걸음을 멈추고
주님을 향해 기도하게 하소서

나의 눈동자로
주님을 온전히 바라보게 하소서

방황에서 벗어나고 싶을 때

오, 주님!
허망한 세월 속에 끝 모를 길을 헤매며
살아가는 사람들이 많습니다
육체적으로 정신적으로
방황하며 갈피를 못 잡고 있습니다

아득한 생의 터널에서
미로에 들어선 듯 길을 잃고
막다른 골목에 들어선 듯
막막할 때가 있습니다

헛된 꿈만 꾸니 잡으려 해도 잡히지 않고
벗어나려 해도 벗어날 수 없어
안개 속에 묻히고 어둠만 쌓여
제대로 트인 길을 찾아내지 못합니다
생명 길이 되신 주님께서
저들을 구원의 길로

인도해주시기를 원합니다

오, 주님!
다시는 돌아오지 않을 세월의 안타까움을 알았으니
엉킨 운명의 매듭을 풀어내고자 합니다
모든 욕심을 훌훌 털어버리고
주님 앞에 바로 서게 해주시기를 원합니다

허울에 빠져 있던 어리석음에서 벗어나
절망 없는 길을 만나고 싶습니다
가파른 언덕길에서 벗어나
희망의 길에 들어서고 싶습니다
멀어져 간 희망을 다시 찾고 싶습니다
감동을 주는 수많은 일 속에서
살아 있음을 알리듯 파도치며 살고 싶습니다

하루바삐 방황에서 벗어나게 하소서

어리석은 생각의 굴레에서 벗어나게 하소서
주님 안에서 구원의 기쁨을 찬양하며
주님과 동행하는 삶을 살게 하소서

밤 기차를 타고서

자정이 넘은 시간에
어둠을 뚫고 기차가 달리고 있습니다
몸은 몹시 지쳐 피곤하지만
조금씩 집에 가까워지고 있다는 생각에
마음이 편안해집니다

집을 벗어나면 새로운 설렘도 잠시뿐
정겨운 아내의 눈빛과 아이들의 웃음이 있는
집으로 돌아가고 싶어집니다
행복한 가정을 주신 주님께 감사드립니다

가족이 없다면
이 늦은 밤에 집으로 돌아가지 않을 것입니다
포근한 보금자리
따뜻한 사랑이 충만한 가정
떠나면 돌아갈 곳이 있음에 감사드립니다

밤 기차를 탄 사람들은 모두가 피곤해 보입니다
책을 읽는 사람도 있고
차창 밖을 물끄러미 응시하는 사람도 있고
밀려오는 여독에 깊이 잠든 사람도 있습니다
나는 커피를 한 잔 마시며
책을 읽고 밖을 내다보다
가족을 위해 기도드립니다

오, 주님!
지금 집에서 곤히 잠들어 있을
사랑하는 아내와 딸과 아들에게
달콤한 잠을 주시고 건강을 주시기를 원합니다
우리 가족과 늘 함께해주시고 인도해주소서

밤 기차를 타고 가면서도
가족을 생각하면 마음이 한없이 따뜻해집니다
나는 참 행복한 남자입니다

오, 주님!
모두가 주님의 사랑입니다

삶의 진한 맛을 알게 하소서

오, 주님!
살다 보면 위태롭게 느껴지는 삶 속에
눈물도 있고 웃음도 있다는 것을 압니다
아픔 한 번 없이 고통 한 번 없이
늘 행복하기만 바라는 어리석은 사람이 있습니다

모든 것을 정확히 계산한다고 되겠습니까?
모든 것을 무사태평 여유만 부린다고 되겠습니까?
삶이란 문과 같은 것입니다
열리면 닫고 닫히면 열어야 합니다

사람이 살아가는 데는
눈물을 씻어내야 하는 일도
고통을 견디고 일어서야 하는 일도 있습니다
기쁨에 소리치며 날뛰고 싶은 일도 있습니다

오, 주님!

어떻게 살아야 진실한 삶인지도 모르면서
잘난 체하며 폼 잡고 살지 않게 하시고
버릴 것은 모두 버리게 해주시기를 원합니다
주님이 주시는 은혜 속에
새로운 삶을 깨닫기를 원합니다

처량했던 날의 온갖 수심도
즐거웠던 날의 모든 기쁨도 훌훌 벗어놓고
결국엔 늘 잊고 살았던 죽음을 향해
떠나야 하는 삶입니다
살아 있는 날 동안은 희로애락 속에
온갖 일을 겪어도 잘 견디며 살아야겠습니다
그 진한 삶의 맛을 알게 하사
주 안에서 충만한 삶을 살게 하소서

다시 일어서게 하소서

오, 주님!
늘 서툰 몸짓으로 살아갑니다
실수투성이 모순투성이로
넘어지고 쓰러지면서도
곧잘 웃으며 다시 일어섭니다
살아가는 이유를 알기에
부족하다는 것이 부끄럽지 않습니다

늘 나약한 모습이지만
잘 견디며 살아갑니다
사는 재미가 있기에
내일이 더욱 기대됩니다

오, 주님!
내 마음을 활짝 열어주신 주님은
늘 어설픈 모습으로 살아가는 우리를 구원해주시고
하늘을 향해, 세상을 향해

웃을 수 있는 기쁨을 주셨습니다

주님을 만난다면
주님의 가슴 깊이 얼굴을 묻고
주님을 사랑한다고 고백하고 싶습니다
내 마음과 영혼을 통해
한없이 쏟아주시는 주님의 은혜를
눈물이 나도록 고맙게 받았습니다
주님으로 인해 내 삶이 건강해졌습니다
어둡고 멀게만 느껴졌던 하늘이
밝고 환한 하늘이 되었습니다

성공을 만들어가는 사람

오, 주님!
누구나 성공하기를 원합니다
얼마나 많은 사람이
가슴 벅차오르는 감동의 순간을
맛보기 위해 노력하고 있습니까?
치열한 생존경쟁의 틈바구니에서
자신이 원하는 것을
활짝 꽃피운다는 것은
참으로 힘든 일입니다
산 정상을 정복하는 순간의 진한 감동은
산을 정복한 등산가만이 알 수 있듯이
성공한 사람의 벅찬 감격과 감동도
성공한 사람만이 알 수 있습니다

오, 주님!
오늘도 성공이란 산을 등반하는 사람들이
수없이 많습니다

낙오하고 좌절하고 실패하고
도중에 생명까지 포기하는 사람들이 얼마나 많습니까?
그러나 넘어질 때 넘어지고 쓰러질 때 쓰러지더라도
다시 꿋꿋하게 일어서서
모든 실패를 성공으로 만들어가는
멋진 사람도 있습니다
그의 눈빛은 살아 있습니다
그의 발걸음은 힘찹니다
그의 목소리는 우렁찹니다
그는 내일을 바라볼 줄 아는 사람입니다

오, 주님!
삶을 구차하게 살거나 포기하지 않게 하시고
십자가의 고난을 홀로 지신 주님을 바라보며
주님의 이름으로
성공을 만들어가는 사람이 되게 하소서

부랑자에게도 따스한 햇살을

오, 주님!
덕수궁 돌담길을 걷다가
남루한 거지가 딱딱하고 차가운 의자에
온몸을 웅크리고 누워
깊은 잠에 빠져 있는 것을 보았습니다
오가는 사람들이 많지만
모두들 못 본 척 무관심하기만 합니다
얼마나 피곤하고 지쳤는지
깊은 잠에 빠져 누가 업어 가도 모를 지경입니다

오, 주님!
그의 모습처럼 지저분한 보자기에 묶여 있는
봇짐 하나가 무에 그리 소중한지
잠결에도 머리로 누르고
한 손으로 꼭 잡고 있습니다
두꺼운 겨울옷을 몇 겹씩 껴입어
몸집이 뚱뚱해 보이는데

얼굴을 보니 모진 세파에 찌들어 있습니다
돌담길을 걷다 보면
목련꽃도 피고 벚꽃도 피어
봄이 왔음을 알 수 있는데
거지는 모든 것을 잊어버리려는 듯
깊이 잠들어 있습니다
그 순간만큼은 누구보다 행복할 것입니다
잠들어 있을 때만은
아무런 걱정을 하지 않아도 되니까요
아마 멋진 꿈길을 걷고 있을지도 모릅니다
그러나 나는 마음이 아팠습니다
그에게 아무것도 해줄 수가 없었습니다
그럴 때는 내가 정녕
그리스도인인가 되묻고 싶어집니다

착각의 굴레

오, 주님!
그 사람이 영 딴판이 되었습니다
목숨 줄기에 피가 돌고 있는 것만으로도
천운으로 여기던 시절도 있었습니다
그때는 고개 숙일 줄도 알고
미안해할 줄도 알고 고마워할 줄도 알고
감사할 줄도 알고 사랑할 줄도 알고
친절과 진실이 무엇인지도 알았습니다
하지만 돈푼깨나 생기고 나서는 폼을 잡기 시작하더니
목에 힘을 주는 것은 물론이고
철면피가 되어버렸습니다

오, 주님!
자기 할 일도 제대로 하지 못하면서
툭하면 남의 흉보기를 즐기고
제 잘난 멋에 사는 사람이 되었습니다
온 세상이 제 손바닥 안에 있는 듯

뒷짐 지고 어깨를 으쓱대며
사람들을 얕보고 거만을 떨고 있는 모습을 보면
속이 뒤틀려 욕이라도 실컷 해주고 싶습니다
참 이상한 것은 그의 곁에
사람들이 모여든다는 것입니다
돈이란 참으로 묘합니다
돈을 쥐고 있는 사람이 어떤 사람이든 상관없습니다
인품에 상관없이 사람들이 모여드는 것을 보면
돈의 위력은 참으로 대단합니다
사람은 영 망가지고 있는데
모여든 사람들은 멋지게 포장해 추켜세우고
그럴듯하게 만들어놓고 있으니
자신도 모르는 사이에 착각의 굴레에 빠지게 합니다

우리가 행복할 수 있는 것은

오, 주님!
우리의 행복은
온갖 생각의 끈에 묶여
굳게 닫혀 있던 마음의 창을 열고
서로의 이야기를 귀담아 들어줄 때 시작됩니다
우리가 나누는 단 한 마디의 말로
때로는 행복과 불행이 엇갈립니다
단비 같은 칭찬과 시원한 격려의 말은
용기와 희망을 만들어주고
마음을 따뜻하게 해줍니다
내가 누군가를 칭찬하거나 격려해주면
그 사람도 기쁘지만 내 마음도 밝아집니다

오, 주님!
모든 사랑은 마음의 표현인 말에서 시작합니다
사랑의 말 한마디가
삶의 방향을 바꾸어놓습니다

자기 자신에게 하는 말도
함부로 해선 안 됩니다
자기 자신을 사랑하는 사람만이
다른 사람도 사랑할 수 있습니다
축복의 말 한마디가
다시 자신에게 축복으로 돌아옵니다
우리가 행복할 수 있는 것은
우리가 나누는 말이 진실하기 때문입니다
주님의 말씀이 우리에게 생명이 되듯이
우리가 나누는 말이 서로에게
사랑이 되게 하소서
행복이 되게 하소서
축복이 되게 하소서

사랑의 집 짓기 운동

오, 주님!
사람들은 누구나 행복한 보금자리를 갖기를 원합니다
온 가족이 함께 웃고 먹고 잠들 수 있는
따뜻하고 포근한 집을 원합니다
그러나 아직도 이 땅에는
하루하루 근근이 살아가는 무주택 서민들이
너무나 많습니다
근사한 집이 아니라도
온 가족이 행복하게 살 수 있는
집을 원하는 사람들을 위해
사랑의 집 짓기 운동이 시작되었습니다
우리의 도움의 손길이 필요합니다
나누면 나눌수록 커지는 사랑으로
세상을 더 아름답게 만들어가야 합니다
한 가정 한 가정에 집이 마련될 때마다
세상에는 행복의 불빛이 하나 둘
밝혀질 것입니다

오, 주님!
작은 나눔이라도
내 이웃들이 행복할 수 있다면
우리에게도 기쁨일 것입니다
우리의 사랑의 손길로
내 불우한 이웃들이 행복할 수 있고
그들의 가족이 웃을 수 있다면
우리는 더 가까이 사랑을 나누겠습니다
나만 행복하기보다 우리 모두가 행복할 때
우리가 사는 이곳은 더 밝게 빛나는
아름다운 세상이 될 것입니다

나로 인해 누군가가 행복할 수 있다면

오, 주님!
머무를 사람은 하나도 없고 모두 다
떠나야 하는 삶을 살아가는데
나로 인해 누군가 행복할 수 있다면
그보다 더 보람 있고 의미 있는 삶이 어디 있겠습니까?

상처를 주고받는 세상에서 서로를 감싸주고
삶의 먹구름을 걷어내 서로를 격려한다면
희망을 가지고 하늘을 바라볼 수 있을 것입니다
무거운 마음의 짐을 벗어던지고
오직 사랑의 마음으로
영혼을 사랑하며 살아가기를 원합니다

서로 만날 수 있음을 기뻐하며
오랜 뒤에 생각해도 가슴 뿌듯하고
기억 속에 남아도 좋을 삶을 살아가기를 원합니다
우리의 삶은 언제나 종종걸음으로 달아나

세월은 너무도 빨리 흘러갑니다

오, 주님!
훌쩍 떠나버리는 시간 속에
한 사람에게라도 더 사랑을 베풀고 나누며 살아감으로
이 땅에 살아가는 기쁨과 즐거움이 넘치게 하소서
욕심 많은 세상에서 조금이라도 더
포근한 정을 느낄 수 있는 삶을 살기를 원합니다
빈손으로 온 삶에 무언가 가질 수 있음은
나누며 살 수 있는 축복임을 알아
주님의 뜻에 따라 나누는 삶을 살게 하소서

나의 삶을 주님의 은혜 속에서 살 수 있다면
나로 인해 누군가 행복할 수 있다면
그 모두가 주님의 은총이오니
삶에 힘과 용기를 주시고
소망 가득한 삶을 살게 하소서

위기가 닥칠 때

오, 주님!
사는 동안 가장 중요한 시기에
위기가 닥칠 때가 있습니다
풍선에 바람이 너무 많이 들어가
터지려 하는 순간처럼 가슴이 조마조마하고
벼랑 끝에 서 있는 듯 아찔한 불안감이 엄습해 올 때
잘 대처해 이겨낼 수 있는 믿음과 용기를 원합니다
유혹의 바람이 거세게 불어와 마음이 흔들릴 때
빠져 들고 싶은 충동이 일어나고
걷잡을 수 없는 욕망의 불길이 거세질 때
마음을 모아 간절히 기도하게 하시고
주님께 더 가까이 나아가 인도하심을 받게 하소서
죄악의 손이 내 몸과 영혼을 잡아당겨
나의 모든 것을 휘감아올 때
주님의 크신 손으로 죄악을 끊어주사
주님의 은혜 안에 거하게 하소서

오, 주님!

지금까지 살아온 삶이 얼마나 고귀한데

주변 사람들이 모두 지켜보고 있는데

내 삶이 하루아침에 무너져 내리는 일이 없게 하소서

욕망과 쾌락은 한순간이요, 무너져 내림은 너무 크니

삶의 소중한 것들이 무너지지 않게 하소서

유혹이 내 마음을 장악하려 하고

마음이 갈피를 못 잡아 마구 흔들릴 때

주님께 기도하게 하사

성령의 인도하심을 받게 하소서

세월이 흘러 정신을 차리고 나면

얼마나 잘 견디었나 잘 피했는가 알게 되니

마음의 중심에 주님을 모시게 하소서

위기가 닥칠 때

기도로 주님께 도움을 청하게 하시고

말씀을 깊이 묵상하게 하시고

순간순간마다 주님의 이름을 부르게 하소서

오직 주님만이 위기에서 벗어나게 해주시니
오직 주님만을 의지하게 하소서
욕망의 한순간 때문에
지금까지 살아온 삶이 무너지지 않게 하시고
쾌락의 한순간 때문에
영원을 버리는 어리석음에 빠지지 않게 하소서

실패를 성공으로

오, 주님!
거듭되는 실패 속에
이루어내는 성공이 진정 값집니다
실패를 성공으로 변화시킬 수 있다는
믿음과 자신감을 가져야 합니다
실패는 우리에게 새롭게 도전할 기회를 주고
삶을 돌아볼 기회를 줍니다
실패의 눈물은 우리를 맑고 선하게 해줍니다
마음이 악한 사람은 진실한 눈물을 흘리지 못합니다
실패는 우리에게 교만과 오만과 허세가
얼마나 무력한 것인가를 알게 해줍니다
우리는 실패를 통해 자신을 개선해야 합니다
실패했을 때 절망과 좌절로 무너져 내리지 않고
재도전함으로써 진정한 성공이
무엇인가를 알게 됩니다
게으름과 태만에서 벗어나
수많은 난관과 두려움을 뚫고 나가

부지런함과 지혜로 이겨내야 합니다

오, 주님!
성공한 사람들은 모두 다 실패를 거듭하면서도
당당하게 딛고 일어섰습니다
실패한 과거를 훌훌 털어버리고
밝은 내일을 향해 힘차게 나아가야 합니다
낡은 습관은 다 떨쳐버려야 합니다
노력 없이는, 열정 없이는, 믿음 없이는
아무것도 이룰 수 없다는 것을 알아야 합니다

우리에게 성공의 길을 안내해주는 것은 실패입니다
실패는 우리로 하여금 고정관념을 버리게 만들고
새로운 변화를 시도하게 해줍니다
우리는 실패를 딛고 일어서기 위해
두려움과 탐욕, 이기심과 욕망을 버려야 합니다
실패는 도리어 우리를 깨닫게 해주는 축복입니다

뿌린 대로 거두고 심은 대로 거두는 것을 알게 합니다
실패 속에서 성공의 씨앗이
싹트고 있음을 보기를 원합니다
실패 속에서도 끈질기게 노력함으로써
성공을 만들어가야 합니다
누구나 실패할 수 있으나
그 실패를 넘어 성공할 수도 있어야 합니다
실패는 자신의 나약함을 깨닫게 해주며
기도하게 만들어줍니다
주님은 우리에게 진정한 성공의 의미를 가르쳐주시고
성공을 이루어내는 놀라운 힘을 주시고
복된 삶을 살도록 인도하십니다
주님의 놀라운 사랑과 축복에 감사드립니다

열린 마음으로 대화를 나눌 때

오, 주님!
늘 삶에 고독이 찾아오기에
우리는 대화를 하고 싶어합니다
우리는 누구나 말하고 싶어하고
상대방이 그 이야기를 들어주기를 원합니다
다른 사람과 이야기를 나눌 때
열린 마음으로
잘 들어줄 수 있는 마음가짐을 원합니다
이야기를 하고 있는 도중에 말을 잘라버리거나
관심 없는 표정을 짓지 않기를 원합니다
자신의 이야기를 먼저 하려는 성급함보다는
남의 말을 잘 들어줄 수 있는
마음의 여유를 가져야 합니다
마음을 활짝 열고 남의 이야기를 잘 들어주면
다른 사람도 나의 이야기를 잘 들어주어
편안해지고 기분이 좋아집니다
눈을 맞추며 정겹게 나누는 이야기 속에

친근감과 신뢰감이 쌓여 인간관계가 좋아집니다
남의 이야기에 귀 기울이지 않고
자기 고집만 주장하면 다툼과 분쟁이 끊이지 않고
온갖 스트레스만 가득 쌓이게 됩니다

오, 주님!
남의 이야기를 잘 들어주면
느낌이 좋고 만나면 편한 사람이 됩니다
우리의 마음이 딱딱하게 굳어 있으면
남의 이야기를 잘 들어줄 수 없으니
잘 들어주고 잘 받아주는
부드럽고 넓은 마음을 지녀야 합니다
남의 이야기를 듣는 둥 마는 둥
건성으로 고개만 끄덕거리지 않고
진심으로 받아들여 공감하기를 원합니다

우리가 대화를 나눌 수 있는 것도 주님의 축복입니다

우리의 삶은 대화 속에 이루어집니다
남의 이야기를 잘 들어주면 서로 웃을 수 있고
마음이 따뜻해집니다
우리가 다른 사람들과 대화를 나눌 때
주님께서 언제나 우리의 기도를
들어주심을 기억해야 합니다
기도는 주님과의 대화입니다
기도는 영혼의 호흡입니다
다른 사람과의 대화는 인관관계의 호흡입니다
따뜻한 대화 속에
사랑하는 마음이 가득해지기를 원합니다

오랜 친구를 만난 듯이

오, 주님!
나는 헌책방에 가기를 좋아합니다
오랫동안 시집을 수집하기 위해서도 다녔습니다
손때 묻고 세월이 흘러간 흔적이 있는
책을 만나면 왠지 오랜 친구를 만난 듯한
반가움과 정겨움이 있습니다
시대가 날로 새롭게 발전하면서
새롭고 다양한 책이
계속 쏟아져 나오고 있지만
오래된 책이 주는 독특한 맛을
잊을 수 없어 더 자주 헌책방을 찾게 됩니다

오래전부터 알고 지내온 책방 주인이
새로운 책이 들어왔다고 연락을 해줄 때면
어떤 책을 만날까
어느 저자의 책일까 하는 설렘으로
마치 사랑하는 사람이라도

만나러 가는 듯 벅찬 마음이 듭니다
헌책도 새로운 주인을 만나면
매우 반가워하는 것 같습니다
내가 구하고 싶고 사고 싶었던 책은
왜 그렇게 내 마음을 사로잡는지 모르겠습니다

오, 주님!
오랫동안 수많은 시집을 만났습니다
한 권 한 권 읽을 때마다
참 많은 것을 배우고 깨닫게 됩니다
오래된 책을 읽으면 시간 여행을 하는 것 같은
착각이 들기도 하고
저자들과 만나 대화를 나누는 것 같은
느낌이 들기도 합니다
시집 한 권 한 권마다 시인들이 표현하고 싶었던
소중한 마음을 만날 수 있습니다

많은 시집을 모아 시집 박물관을 열고 싶습니다
좀 더 많은 사람이 시를 사랑하고
함께 읽고 나누었으면 좋겠습니다
지금도 많은 시집을
구하고 싶은 마음은 변함이 없습니다
시집을 모으는 하루하루의 삶이 기대가 되고
재미가 있고 기쁨이 넘칩니다
시집 박물관이 완성되면
많은 사람이 오가며 수많은 시인을
만나게 될 것입니다
그분들과 기분 좋은 만남을 기대하며
오늘도 시집을 모읍니다

가족사진을 바라보며

오, 주님!
마음에 드는 예쁜 액자를 사 가지고 와서
잘 나온 사진을 넣었습니다
사진 속의 나를 바라볼 때면 기분이 좋아집니다
가족사진이나 아내의 사진을 넣어두면
바라볼 때마다 마음이 따뜻해집니다
사진 액자 하나로 집안 분위기가 평온해집니다

사람들은 누구나 추억을 남기고 싶어합니다
사진은 추억의 한 장면을
그대로 담고 있기에 아름답습니다
추억이 우리 곁에 남아 있어 바라볼 수 있다는 것은
우리의 마음을 행복하게 만들어줍니다
사진 속에 담아놓은
우리의 삶의 한순간이 웃고 있습니다
우리의 삶은 한순간 한순간
모두 다 참으로 소중합니다

오, 주님!
사진작가가 멋지게 찍어준 사진도 아름답지만
아내가 찍어준 사진은 왠지 더 정감이 갑니다
사진 한 장이 때로는 피로를 잊게 해주고
삶을 즐겁게 만들어줍니다
가족사진은 가족의 행복을 관찰할 기회를 줍니다
가족사진을 보고 있으면 마냥 흐뭇해집니다
우리는 행복하게 살 것입니다
서로 사랑하며 신뢰하고 있기 때문입니다

사진 한 장도 예쁜 액자에
소중하게 넣어두고 보듯이
우리의 삶도
사진 같은 행복을 만들어가야겠습니다
늘 가족을 사랑하며 겸손한 마음으로
주님께 감사하며 살기를 원합니다

누군가가 미워질 때

오, 주님!
마음에 미움이 가득할 때는
온몸에 독소가 퍼진 것 같아서
기분이 상쾌하지 않습니다
나는 언제나 관심을 가져주고
많은 것을 베푼 것 같은데
오히려 외면당할 땐 자꾸만 미움이 생깁니다
나는 내 마음의 사랑을 다 쏟아준 것 같은데
도리어 나를 비난하고 괴롭히고
나에게서 등을 돌릴 때면
마음이 미움으로 가득해 혼란스럽습니다
사랑이 온전히 뿌리를 내리지 못했을 때
미움이 생기게 되니
사랑이 온전히 뿌리를 깊게 내리기를 원합니다

오, 주님!
왜 그럴까요?

서로의 상처와 아픔을 감싸주면 더 좋을 텐데
베푼 사랑에 도리어 원망하는 눈빛을 보낼 때는
한없이 가슴이 아파옵니다
나의 마음에도 미움이 생겨 죄를 범할까 두렵습니다
주님의 사랑이 언제나 빛이 되어 비추듯이
사랑은 희생이 필요한 것임을 배우기를 원합니다
상처를 덮어주는 것이
진정한 사랑임을 알기를 원합니다
주님의 손길은 언제나 상처를 치유하는 손길이니
내 마음의 상처를 치유해주셔서
사랑의 마음이 샘솟기를 원합니다

우리의 삶은 때로는 너무나 외롭고 춥습니다
우리가 서로 사랑하지 않고
서로 감싸주지 않으면
고통 속에 살 수밖에 없습니다
우리가 함께함으로 혼자가 아님을 알고

서로를 보살피는 기쁨에 감동할 수 있기를 원합니다
미움은 모든 것을 무너뜨리고 어둡게 합니다
사랑은 모든 것을 조화롭게 해주고
이 지상에서 최고로 아름다운 풍경을 만들어냅니다
우리의 마음에서 미움을 버리게 하시고
주님의 사랑으로 서로 사랑하게 하소서

흘러가는 강물을 바라보며

오, 주님!
흘러가는 강물을 바라봅니다
한순간도 멈추지 않고 흘러가는 강물은
우리의 삶과 같습니다
푸른 하늘에 할 일 없이 몰려다니는 듯한
구름들이 쏟아놓은 비가
산과 들판을 적십니다
강물은 대지와 오래 사귄 친구처럼
그 위를 친근한 모습으로
가장 가까이서 유유히 흐르고 있습니다

우리의 삶도 주님 안에서 구원받았으니
진리 안에서 기쁨이 넘치게 살기를 원합니다
강물이 흐르는 속도는 강물만이 알고 있습니다
우리의 삶이 너무나 빠르게 흐르고 있다는 것을
우리는 알고 있습니다

오, 주님!
강물이 온 땅의 젖줄이듯이
강물이 맑아야 풍요로움이 있듯이
우리의 영혼과 삶에 말씀의 생수가 넘치기를 원합니다
강물이 오염되는 것은 우리의 욕심에서 비롯된 것입니다
주님이 주신 순수하고 맑은 영혼을
소중하게 간직하기를 원합니다
우리의 마음이 청결하고
심령이 가난하기를 원합니다

강물은 떠돌거나 헤맴 없이
흘러가야 할 곳으로 흘러갑니다
우리에게 생명 같은 물을 허락해줍니다

오, 주님!
숨쉬며 흐르는 강물이 있듯이
우리의 삶에 주님의 보혈이 흐르게 하사

살아 있는 그리스도인의 삶을 살게 하소서
하늘에서 내린 작은 물방울들이
폭포가 되고 강이 되고 바다가 되듯이
함께한다는 것은
얼마나 놀라운 힘을 발휘하는지 압니다
어느 땅이든지 흐르는 강물이 없으면
메마른 사막이 되듯이
우리의 삶에 주님의 은혜가 없으면
메마른 심령이 되니
항상 주 안에서 살게 하소서
이 순간에도 강물이 흘러가듯이
우리의 마음도 이 순간 주님을 향하게 하소서

탐스럽게 익은 과일을 보며

여름날의 황홀한 꿈과 뜨거운 욕망이
가을에 탐스런 열매로 익어갑니다
잘 익은 과일을 보면
누구나 입가에 미소를 짓게 됩니다

대지에 나무들이 하나 둘 자라며
꽃이 만발하고
풍성한 열매를 맺는 것은 축복받은 모습입니다

열매는 가슴 가득 풍성한 기쁨을 줍니다
잘 익은 과일은 영혼을 아름답게 만듭니다
달콤하고 싱그러운 향기는
사랑하는 이의 체취를 느끼게 합니다
열매가 열리고 있는 것은
희망이 있다는 것입니다

봄에는 나무들이 수많은 꽃을 불러와

환한 웃음을 지으며 살더니
가을에는 열매들을 불러와
보석처럼 아름답게 장식해놓습니다

과일은 온갖 시련을 삼킨 나무들이 만드는
가장 아름다운 결실입니다
과일은 하늘과 땅 사이의 쓸쓸하고 허무한 공간을
아름다운 풍경으로 만들어놓습니다
과일은 주님이 우리에게 주신
축복의 선물입니다
우리가 꿈꾸는 것도
우리의 삶에 풍성한 열매를 맺는 것입니다
나의 삶도 탐스런 열매를 맺기를 원합니다

가난을 극복하게 하소서

오, 주님!
우리의 삶에서 극심한 고통을 주는 것 중의 하나가
지독한 가난입니다
가난은 우리를 지치게 만들고
도전 정신과 용기와 자신감을 빼앗아 갑니다
육체를 허약하게 만들고 희망을 잃게 하며
삶의 족쇄가 되어 꼼짝 못 하게 만듭니다
우리는 믿음과 용기를 가지고 가난에서 벗어나야 합니다
가난으로 인해 나약해지지 말고
잘 이겨내고 감당하게 해주시기를 원합니다
가난에서 벗어날 수 없다고 체념하지 말게 하시고
애벌레가 힘든 과정을 거쳐야 나방이 되듯이
가난을 모두 벗어버리고
도리어 가난을 축복의 계기로 만들기를 원합니다

오, 주님!
가난을 부끄럽게 여기지 않게 하시고

우리의 삶이 축복의 근원이 될 수 있도록
주님의 인도하심을 받게 해주시기를 원합니다
가난은 우리를 무력하게 만들고 병들게 하오니
우리를 축복하사 나눔과 사랑으로 살아가게 하소서
우리에겐 가난에서 벗어날 수 있는 힘이 충분히 있고
무한한 잠재력과 능력이 있다는 것을 알게 하소서
가난이 우리의 삶에 좋은 체험이 되게 하시고
마음이 가난해지는 동기가 되게 하소서
우리의 삶이 가난에서 떠나
축복의 길로 들어설 때에
우리에게 주어지는 모든 축복이
주님의 손길로 이루어진 것임을 깨닫게 하사
주님을 늘 찬양하며 살게 하소서

뇌성마비 소년에게

오, 주님!
뇌성마비로 인해 16년 동안 일어서지도 못하고
고개 한 번 들지도 못한 소년을 만났습니다
누워 있는 몸은 순간순간마다 뒤틀렸습니다
나이보다 한참 어린 초등학생 같았습니다
상처만 남은 소년의 눈은 그러나
초롱초롱 맑게 빛나고 있었습니다
깊은 눈동자는 무언가를 말하고 싶어했습니다
온몸을 비틀며 입술을 움직이고 있는데
나는 소년이 무슨 말을 하는지
도저히 알아들을 수가 없었습니다
엄마는 돈을 벌어야 하기에
소년을 보호시설에 맡겨놓았습니다
한 달에 한 번 찾아와 소년을 꼭 껴안고는
소리 없이 눈물을 흘리고 간다고 했습니다

오, 주님!

소년은 꿈을 꿀 것입니다
벌떡 일어나 세상으로 마음껏 뛰어나가는 꿈을
날마다 꿀 것입니다

소년이 하고 싶은 말이 얼마나 많을까 생각해봅니다
하고 싶은 일이 얼마나 많을까 생각해봅니다
가고 싶은 곳이 얼마나 많을까 생각해봅니다
평생 걷지도 못하다가
언젠가는 이 땅을 떠날 소년을 바라보고 있으려니
마음이 너무나 아팠습니다
고된 삶을 살고 있는 소년에게
무슨 말을 해줘야 할지 몰랐습니다
그저 주님께 기도할 뿐입니다
이 세상에서 감당하기 힘든 아픔을 가진
소년과 날마다 함께해주사
천국에서는 완전히 회복된 건강한 삶을 살게 해주소서

오, 주님!
저 해맑은 소년을 인도해주소서

친구가 있다는 것은

오, 주님!
멀리 떨어져 있어도
가슴 언저리에는 늘 그리움이 남아 있습니다
가만히 생각하면 기분이 좋아지는
친구가 있다는 것은 살맛 나는 일입니다
친구가 없으면 삶이 얼마나 지루하겠습니까?
얼마나 답답하고 재미없고 우울하겠습니까?

서로 만난 후 오랜 세월이 흘렀는데도
다시 만나면 언제나 정겹고 반가워서
바로 어제 만난 것처럼 금방 가까워지는 것은
서로의 마음에 우정이 가득하기 때문입니다
삶이 어렵고 곤고할 때
친구가 필요하다는 것을 더욱 느끼게 됩니다
서로에게 아무런 부담을 주지 않고
서로의 필요를 알아서 채워줄 때
더 가까워지는 것을 알 수 있습니다

친구를 만나면 서로의 꿈을 나눌 수 있고
서로의 꿈이 이루어지기를
마음으로 기도할 수 있어 좋습니다

오, 주님!
우리의 삶은 동행하는 사람이 있을 때
고독과 외로움에서 벗어날 수 있습니다
나를 위해 기도해주는
친구가 있으면 마음이 든든해집니다
기쁨과 슬픔을 함께 나눌 수 있는 친구와의 우정은
삶에서 향기 좋은 꽃으로 피어납니다

친한 친구는 슬픔을 위로해주고
기쁨을 함께 나눕니다
서로의 생각에 공감할 수 있고
서로의 마음을 알 수 있습니다
한없이 깊어가는 우정을 간직한 친구는

힘든 일이 있더라도 결코 떠나지 않고
주님을 닮아 마음으로 지켜줍니다

우리는 주님께 친구처럼 기댈 수 있고
손을 꼭 잡을 수 있고
기도를 드릴 수 있습니다
우리의 영원한 친구인 주님과
동행하며 살기를 원합니다

구두 수선공에게

오, 주님!
구두 닦는 아저씨가 가게 문을 닫았습니다
문에는 이렇게 쓰인 종이가 붙어 있었습니다
'신병 치료차 당분간 쉬겠습니다'
다른 사람들의 신발을 수선해주느라고
몸이 병들어 고단한 몸을 쉬러 간 모양입니다

오, 주님!
매일 매일 언제나 그 자리에서
열심히 구두를 닦았던 분입니다
마치 마술사처럼 때 묻은 구두를
반짝반짝 빛나는 새 구두로 만들어주던 분입니다

구두 닦는 아저씨의 건강이
빨리 회복되기를 기도드립니다
구두를 닦으러 가면 웃으며 이런저런 이야기를 하는
입담이 아주 좋은 분입니다

동네 사람들은 그분의 웃는 모습을 보면
세상이 더 따뜻해지는 것만 같다고 합니다
그동안 참으로 많은 사람의 구두를 수선해주었으니
이제는 주님께서
구두 닦는 아저씨의 몸과 마음을
수선해주시고 보듬어주시기를 기도드립니다

배신을 당했을 때

오, 주님!
웃음기 하나 없이 차갑게 식어버린 얼굴로
냉랭하게 바라보더니
아무 말도 없이 뒤돌아보지도 않고
다 잊은 듯 떠나가 버렸습니다
좋았던 감정은 모두 다 구겨놓고 짓밟아놓더니
훌쩍 떠났습니다
다정한 척, 가까운 척
정신이 아찔하도록 뒤통수를 내리치고는
꽁지마저 보이지 않게 꼭꼭 숨어버렸습니다
만날 때는 세상 모든 것을 다 줄 듯 좋아하더니
갑자기 단물이 다 빠져버린 껌을 미련 없이 내뱉듯이
배신의 칼을 꽂았습니다

오, 주님!
아무리 용서하려 해도
쉽게 용서가 되질 않습니다

어떻게 나에게 이럴 수 있을까

내가 얼마나 관심을 갖고 잘해주었는데

하는 생각에 분한 마음이 가시지 않습니다

나 자신은 주님을 얼마나 많이 배신했을까요?

그 모든 것을 다 받아주시고

용서하신 사랑을 다시금 깨닫게 됩니다

주님의 사랑이 얼마나 깊고 높은지

내가 배신을 당하고서야 깨닫습니다

조롱을 받을 때

오, 주님!
조롱하며 내뱉는 말마다
세 치 혓바닥이 함께 춤을 춥니다
수군거리는 말장난에
아무런 대응도 못 하고 허수아비가 되고 맙니다
구경하는 재미를 느끼는 자들의
입가에 흐르는 웃음이 끈적끈적합니다
진실이 하나도 통하지 않고
머릿속 신경의 야윈 줄을 다 풀어놓아도
감당할 방법이 떠오르지 않습니다
목에 방울 달린 짐승처럼 노리갯감으로 변하고 있습니다

오, 주님!
모든 시선이 멸시로 가득하고
사사건건 걸고넘어집니다
반박을 하면 할수록 빈정거림만 더 커집니다
사람을 바보로 만들고 있습니다

화가 머리끝까지 치밀어 올라
도저히 마음이 안정되지 않습니다
내 심장은 부풀어 오른 풍선처럼 터질 것 같습니다

내 마음을 더럽히는 자들을
똑바로 쳐다보고 싶습니다
앙갚음을 해야겠다는 생각이 가득해집니다
하지만 사람을 괴롭히는 것이
얼마나 나쁜 일인가를 알고 있습니다
우리의 모든 죄악을 감당하신
주님의 마음을 알고 있습니다
주님이 나를 사랑하심이
얼마나 복된 일인가를 알고 있습니다

따뜻한 인정이 그리울 때

오, 주님!
부대끼며 살아가는 세상살이
지치고 힘듭니다
내 이름 석 자 쓰인
문패 한번 달고 살았으면
소원이 없겠다던 아버지의 말씀을
어려서부터 귀 아프게 들으며 살아왔습니다
맨몸으로 부딪치며 살아가는 세월조차
내 편이 아니라고 한탄해도 별 소용이 없고
늘 가난만 질펀거렸습니다
나는 꼭 잘살아 보겠다고
주먹 쥐고 다짐에 다짐을 했는데
달고 싶다던 문패는 없고
스치듯 빠르게 흘러간 세월 속에서
어느새 나도 어른이 되어 죄수 번호 같은
아파트 호수만 문 앞에 붙어 있습니다

오, 주님!

아직도 제대로 여물지 못한 탓일 겁니다

산다는 것이 묘하다는 생각이 듭니다

인생살이가 별거 있느냐 되는 대로 살면 된다는 사람들도

지켜보면 모두 다 마찬가지였습니다

소중한 이름 석 자 쓰인 문패를 달고 싶었던

그 시절엔 그래도 서로 주고받는

따뜻한 인정이 있었습니다

지금, 번호가 붙은 콘크리트 건물 속의

사람들은 점점 더 삭막해져 갑니다

우리의 마음이 부드러움과 여유를 찾기를 원합니다

부산행 열차를 타고서

오, 주님!
마음으로만 가 닿던 곳
길을 찾아 떠나며 만나는 산과 들, 강물과 바다,
그리고 사람들, 모두가 정겹습니다
고단한 삶을 벗어나 새롭게 떠나는
여행은 언제나 즐겁습니다
스쳐 지나가는 것들도 많고 많은데
정이 들면 붙잡아 놓고 싶어집니다
우연히 스쳐 지나가는 것들이
더 눈에 들어오고 마음이 더 가까이 다가갑니다

한겨울 눈 덮인 산과 들 사이를
사랑하는 이의 품 속에 안기듯이 달려가는
부산행 새마을호 열차를 탔습니다
차창 밖을 바라보며 커피를 마십니다
늘 그리움이 많은 나에게
오라는 곳이 있고 갈 곳이 있다는 것은

참 의미 있는 일입니다
하고 싶은 일과 해야 할 일이 있다는 것은
삶에 생동감과 활력을 줍니다
커피를 마시며 창 밖의 풍경을 바라보면
세월도 그만큼 빠르게 흐르고 있음을 느낍니다

오, 주님!
속도감에 흔들리는 종이컵을
꼭 붙들고 마시는 커피 한 잔
꼭 잡아두고 싶은 시간입니다
낯선 곳에서 만나는 사람들과
보고 느끼는 것들이 모두 새롭습니다
여행은 삶에 기운을 불어넣어 줍니다
삶에 변화를 가져다주고 힘을 충전해줍니다
그렇기에 사람들은 누구나 여행을 좋아합니다

늘 따뜻한 사랑의 손길을 주소서

작은 나눔이 모여
큰 사랑이 되고 있습니다
사랑의 손길이 모여 아픈 이들을 감싸주고
따뜻하게 만들어주고 있습니다
사랑의 발길이 소외된 곳들을 찾아다니며
많은 사람을 행복하게 만들어주고 있습니다

주님을 믿는 사람들
주님을 사랑하는 사람들
주님의 마음을 닮아가며
주님의 사역에 동참하는 사람들이
사랑 속에 더 큰 사랑을 이루어가고 있습니다

작은 나눔이 모이고 모여서
사랑으로 하나가 되어
사람들의 마음속으로 철철 흘러넘칩니다

시간이 흐를수록 세월이 흐를수록
베풂과 나눔 속에 불행이 행복으로
절망이 희망으로 어둠이 빛으로
변하기를 원합니다

사랑으로 함께하는 모든 이에게
주님의 평안과 축복이 가득하기를 기도합니다

오월에 드리는 기도

오, 주님!
온갖 만물이 약동하는 이 계절에
모든 이의 가슴에
주님의 생명이 가득하게 하소서
불의와 욕망과 욕심을 버리고
진실하고 정직하게 살게 하소서
이 땅에 사는 사람들의 마음속에 있는
갈등과 증오와 불신을 거두시고
땀 흘려 일하는 성실함을 주사
한탕주의와 배금주의가 사라지게 하소서
곳곳에 가득한 음란 문화가 사라지게 해주시고
정의와 진실이 통하는 사회가 되게 하소서
날마다 들려오는 소식이 불행의 소식보다
희망과 따뜻한 소식으로 가득 차게 하소서
가정마다 사랑이 더 깊어지게 하사
부부간의 사랑이 더 두터워지고
부모와 자식 간의 사랑이 충만하게 하소서

가족 간의 정이 되살아나 행복과 사랑이 가득하게 하소서
모든 가정마다 사랑의 울타리를 만들어주소서

오, 주님!
이 나라의 젊은이들에게 꿈을 주시고
가슴 가득 비전을 주시기를 원합니다
강하고 담대하게 전진 또 전진하는 믿음을 주소서
학교와 일터와 가정, 그 어디서나
패기가 넘치는 젊은이로 살게 해주시고
믿음의 장부로 확신 있는 삶을 살게 해주소서
눈빛이 살아 있게 하시고 열정이 가득하게 하소서
이 땅에 사는 모든 이에게 기쁨을 주시고
축복된 삶을 살게 하소서
이 오월의 푸른 하늘 아래 모두가 행복하게 하소서

취미 생활을 하며

오, 주님!
책을 보는 모습을 한 인형을 모으고 있습니다
이제는 어디를 가든지
책 보는 인형을 보면
오랜 친구라도 만난 듯이 반가워집니다
하나 둘 모은 것이 벌써 160개나 되었습니다
인형은 저마다 독특한 모습을 하고 있습니다
할아버지가 책을 보며 커피를 마시고 있는 모습,
엄마와 아이가 함께 책을 보는 모습,
부부가 다정하게 책을 보는 모습,
안경을 쓴 곰이 책을 보는 모습
참으로 다양하고 신기합니다
삶은 모으고 나누는 것이라고 하는데
내가 꿈꾸고 있는 일이 이루어지면
이 인형들을 많은 사람에게 보여주고
함께 행복을 나눌 것입니다
나만을 위한 기쁨이나 행복보다는

서로를 위한 기쁨과 행복을 원합니다
살아가며 누군가를 위해
무언가 준비하고 있다는 것은
참으로 뿌듯한 일입니다
작은 인형은 우리 삶의 모습을
그대로 보여주고 있습니다

고난의 주님을 묵상하게 하소서

십자가 고난의 사랑을
어린아이같이 순수한 마음으로
깊이 묵상하게 하소서

주님의 고난의 성소에서
철저하게 낮아지신 주님의 모습에서
죄 사함의 은혜를 깨닫게 하소서

주님을 십자가에 달리시게 만든 죄인이오니
죄를 고백하는 참회의 눈물이
나의 영혼에서부터 쏟아지게 하소서

처절하고 섬뜩하고 무서운 형틀에서
예수그리스도의 보혈이 흘러내림으로
추하고 더러운 모든 죄악이
깨끗이 씻기는 것을 바라보게 하소서

목마른 영혼을 흘러넘치는 생명수로
적셔주시기를 원합니다
우리의 마음속에 고난의 주님을 영접하게 하소서
낙담의 자리에서 일어나
고난의 십자가에서 들려오는
희망의 말씀을 듣게 하소서

오늘도 십자가의 가파른 길을 올라가게 하소서
겸손히 주님 앞에 무릎을 꿇게 하소서
나를 끝까지 사랑하시는 주님의 손을 잡게 하소서
우리의 삶에 거하시는 주님을 깨닫게 하소서

구원의 복음을 귀 기울여 듣게 하소서

지치고 힘든 영혼, 상하고 찢긴 영혼,
병들고 나약한 영혼들에게
새 생명의 복음이 가득하게 하시고
어둠 속에 있는 이들이
구원의 복음을 귀 기울여 듣게 하소서

죄악 속에 있는 이들을 구원해주시고
주님을 갈망하는 사람들이 늘어나게 하소서
주님의 이름을 부르며 주님을 따르게 하소서

사랑의 복음이 온 땅에 가득해서
사람들의 마음속에 울려 퍼지게 하소서
주님의 사랑으로
영혼의 깊은 곳까지 변화시켜주소서
주님의 권능으로
영혼의 병든 곳을 치료해주소서

복음을 통해 주님 안에 사는 길이
생명의 말씀을 통해 구원의 길이
모든 사람에게 활짝 열리게 하소서

주님의 사랑과 성도들의 기도로
시절을 좇아 열리는 열매로
날마다 주님께 영광과 찬양을 돌리기를 기도합니다

절망과 죄악의 소식이 가득한 이 땅에
오직 복음과 오직 예수그리스도로
이 시대에 맡겨진 복음 전파의 사명을
온전히 이루어가기를 기도합니다

아주 작은 사랑

이만큼 주님이 날 사랑해주시면
나도 그만큼 주님을 사랑해야 할 텐데
언제나 작고 줄 것 없는 것처럼
아주 작은 사랑을 표현합니다

한 마리 양

우리는 세상이란 넓은 들판에
홀로 있는 한 마리 양입니다

목자 되신 주님과 함께라면
결코 외롭지 않습니다

눈 오는 날에

오, 주님!
하늘에 무슨 축제가 있는지
눈 보따리를 다 풀어놓은 모양입니다
한밤에 아무도 모르게 내린 눈으로
온 세상이 하얗게 변해버렸습니다
산도 들도 온통 하얀색입니다
온 세상을 하얗게 만들어놓는
멋진 예술가는 주님뿐입니다

눈이 내리면 모든 것이 정겹고 반가워서
사람들의 마음도 하얗게 변해
기분이 상쾌해지고 웃음꽃이 피어납니다
눈이 내리는 날은
그리움이 바싹 말라 있던 사람도
사랑하는 사람을 만나고 싶어하고
기억 속에 있던 사람도 떠올립니다

눈이 내리는 날은
왠지 모르게 좋은 일을 기대하게 됩니다

첫눈이 내리는 날은 사랑을 하고 싶어집니다
눈이 내리면 사람들은
눈으로 온 세상이 변하듯
자신들의 마음도 변해주기를 바랍니다

오, 주님!
함박눈이 펑펑 내리면 아이들은
집 밖으로 뛰어나와 소리를 지르며 좋아합니다
겨울날의 새하얀 눈은
주님께서 우리에게 주신 축복입니다

예배를 드리며

봄 햇살이
가슴까지 따뜻하게 비추던 날
주님이 나와 함께하심을 알고
나는 감동했습니다

십자가 그 놀라운 사랑을
내가 받고 새롭게 변화될 수 있음에
참으로 감사드렸습니다

봄바람이
제대로 돋지 않은
잎사귀를 흔들 때
주님이 나와 함께하심을 믿고 감격했습니다

십자가 그 보혈의 피로
연약한 나의 모든 죄악이 씻기고
새롭게 거듭나게 하심을 찬양드렸습니다

새 생명의 길

우리의 모든 죄를 홀로 지시고
마구 구겨질 대로
구겨진 삶을 살아간 이는
바로 예수그리스도입니다

부활로
구겨졌던 모든 것을
제대로 펴놓으시고
새 생명의 길을 활짝 열어놓으셨습니다

새벽에 기도드리며

오, 주님!
아직은 어둠이 다 도망치지 못한 새벽입니다
간밤에 깊이 잠들었던 모든 것이
아직도 졸린 눈을 비비고 있습니다
우리에게 단잠을 주시고 편히 쉬게 해주시니
오늘 하루도 상쾌한 기분으로 시작합니다
왠지 삶이 어설프고 나약하기만 하기에
주님을 더욱더 신뢰하고 의지하게 됩니다
오늘 하루도 즐거운 마음으로 일하고
만나는 사람들을 편안하게 대하며
사랑할 수 있는 마음을 주시기를 원합니다
이 지상에 나의 삶이 허락된 것만으로도
놀라운 축복이오니
내가 살아가는 동안에 주님을
온전히 사랑하며 살게 하소서
나에겐 하나님이 주신 특별한 구원의 은총이 있으니
자신 있고 당당하게 살아갈 수 있습니다

오늘 하루도 만나는 사람들에게
따뜻한 미소로 인사를 하며
남을 돕는 마음의 여유를 갖고 싶습니다

오, 주님!
이 새벽에 주님을 만나고 싶습니다
주님이 보고 싶습니다
마음을 모아 간절히 기도드립니다
작은 일에 짜증이나 투정을 부리지 않게 하시고
작은 일도 소중히 여기게 해주시기를 원합니다
풀잎 하나, 빗방울 하나, 구름 한 점도
주님의 손길이오니 주님의 인도하심을 받게 하소서
이 새벽에 기도함으로
나의 삶이 주님의 은혜로 충전되고 기쁨으로 충만해지니
오늘도 주님을 사랑하는 찬양을 부릅니다
날 기억해주시고 날 찾아오신 주님을 내 안에 모시고
내 생명이 다하는 그날까지 살고자 합니다

주님의 사랑에 눈을 뜨게 하시고
언제나 당신의 사랑 안에 거하게 해주소서

용서하는 마음

오, 주님!
삶을 사랑한다는 것은
삶에 동반되는 고통까지도 사랑한다는 뜻입니다
좋아하는 것만이 아니라
미움과 아픔까지도 안을 수 있는 넓은 마음을 원합니다
날카롭고 뾰족한 모서리 같은 고통도
이겨낼 수 있기를 원합니다
고통을 감수할 줄 모른다는 것은
어리석은 상태로 살아가는 것과 같습니다
우리 사회는 용서하는 마음이 부족합니다
꿈에서라도 주님의 사랑을 배우기를 원합니다
용서가 있는 교회, 용서가 있는 가정을 원합니다
우리는 용서받은 사람들입니다
하나님의 아들 예수그리스도가
우리의 죄를 대속해주셨기에 모든 죄를 다 용서받았습니다
용서할 줄 모르는 사람은 예수그리스도의 용서를
체험하지 않은 사람입니다

우리는 주님의 사랑의 눈빛을 받았으니
우리도 따스한 사랑의 눈빛으로
이웃을 바라보기를 원합니다
용서를 받은 사람은 용서할 줄 알게 됩니다
마음이 넓어지고 이해심이 커져
참다운 행복을 느끼며 살아가게 됩니다
사랑하고 용서하는 마음을 갖고 살아간다면
더욱더 많은 이웃을 만들 수 있어 행복할 것입니다

오, 주님!
이 시대는 큰 목소리보다는
작지만 진실한 목소리가 필요합니다
화려하게 드러나는 목소리보다
소리 없이 나타나는 예수님의 사랑이 필요한 시대입니다
우리는 조용히 주님의 뜻을 따르기를 원합니다
욕심을 낼수록 풍요로울 것 같지만
남는 것은 공허함뿐입니다

이 세상에서 가장 크고 아름다운 용서를 받은

그리스도인으로서

사랑과 용서의 삶을 살아가기를 원합니다

나 자신부터 용서하는 삶을 살아가게 해주시기를 원합니다

지금은 바로 그리스도인이

빛과 소금의 직분을 감당해야 할 시대입니다

날마다 주님의 사랑이

삶 속에서 탐스럽게 익어가기를 원합니다

날마다 주님이 원하시는 삶을 살아가기를 원합니다

마음의 벽이 허물어질 때

오, 주님!
주님의 사랑은 한없이 무한한데
현대인들이 마음의 벽을
점점 더 두껍게 쌓아가는 이유는 무엇이겠습니까?
빈부의 차가 심해지고 계층이 생기면서
사람들 간에 갈등이 많아졌습니다
사람들의 개인적인 성향이 뚜렷해지는 것도
마음의 벽이 두꺼워지는 이유일 것입니다
우리는 이 마음의 벽을 허물어야 합니다
주님께서 부족한 우리에게 찾아오셨듯이
우리가 상처받고 소외된 사람들을 찾아가
그들의 마음을 읽어줄 때
벽은 허물어지기 시작할 것입니다
건물이 높아질수록
골목길이 많아질수록
숨어 사는 사람들도 늘어갑니다

오, 주님!
우리 자신부터
마음의 벽을 허물게 해주시기를 원합니다
내 마음이 주님이 계시는 자리가 되기를 원합니다
서로의 벽만 허물어도
불신과 고통을 줄일 수 있습니다
이웃 간에 따뜻한 인사를 나누고 보살펴주고
섬기려는 마음이 있다면
벽은 하나 둘 무너지기 시작할 것입니다
미움의 끈을 풀고 사랑의 끈을 매게 해주시기를 원합니다
주님의 사랑을 따뜻한 마음으로 나누면
마음의 벽은 자연히 하나씩 무너지고 맙니다
주님은 제자들의 발까지 씻어주시고
섬기는 본을 보여주셨습니다
가진 것을 좋아하기보다 마음이 가난한 자가 되어
나누는 삶에 기뻐하며 즐거워하기를 원합니다
주님을 본받아 섬기는 삶을 살기를 원합니다

주님께서 우리의 중보가 되어주셔서
하나님과 우리의 벽을 허물어주시고 구원해주셨습니다
우리도 마음의 벽을 허물어
주님의 사랑을 나누며 살기를 원합니다

살아가다 보면

오, 주님!

삶을 살아가다 보면 때로는 사랑에 빠져

가장 행복한 사람이 바로 자신임을

알게 될 때가 있습니다

그러나 절망에 빠져 가장 불행한 사람이 되기도 합니다

눈먼 세월의 포로가 되어

시름시름 앓다가 죽어가는 사람도 있습니다

똑같은 세상이라고들 불평하지만

모두가 다르다는 것을 알아야 합니다

우리의 삶은 결코 복사기로 찍어낼 수 없습니다

우리는 주님이 주신 인성과 감성과 영성이 있는

소중한 존재입니다

주님이 우리를 얼마나 세밀하고 분명하게

사랑하고 계시는지

삶 속에서 손으로 눈으로 만져보기를 원합니다

잔잔한 바다에 거센 폭풍우가 몰아치듯이

우리의 삶도 그러합니다

세상을 향해 울부짖고 외쳐봐도
대나무 통 속의 절규처럼
아무런 반응이 없을 때가 있습니다
홀로 몸부림치다가 답답함에
앓아 눕는 사람도 있습니다
우리의 외침이 세상을 향한 외침에서 멈추지 말고
하늘을 향한 기도가 되기를 원합니다
분노로 폭발하는 외침이 아니라
사랑을 위한 바람이 되기를 원합니다
주님이 주신 자유를 누리며 살기를 원합니다
주님을 영접하면 시시때때로 수많은 변화가 시작되고
그 속에 빨려 들어가 살게 됩니다
이것이 진정 삶다운 삶입니다

오, 주님!
우리는 살아 있기에
모든 것을 느끼고 부딪치며 견디고 이겨내야 합니다

마음의 계단을 하나씩 올라가며
주님의 성품을 닮기를 원합니다
내 마음 깊이 찾아와 주시는 주님을 만나기를 원합니다
살다 보면 때로는 행복에 빠져 세상의 주인공이 되었다가
때로는 불행에 빠져 엑스트라로 고전합니다
이 세상의 모든 것은 언젠가는 다 소멸하고 맙니다
욕심을 버리고
하늘에 보화를 쌓을 수 있는 믿음을 가져야 합니다
우리는 주 안에서 무엇이 진정한 행복인지를 압니다
언제나 주님의 손을 꼭 잡고 살아가기를 원합니다

눈물 흘릴 수 있다는 것은

오, 주님!
두 다리 쭉 뻗고 앉아 두 뺨이 다 젖도록
눈물 흘릴 수 있다는 것은
참으로 행복한 일입니다
슬플 때는 슬퍼서, 기쁠 때는 기뻐서
눈물 흘린다는 것은 감정이 살아 있다는 것입니다
주님이 내 마음을 새롭게 해주셨습니다
눈물이 메마른 삶은 감정이 메마르다는 것입니다
주님 앞에서 나는 울고 있습니다
메마른 대지에 시냇물이 흐르듯이
내 마음에 눈물이 흐르고 있습니다
나의 모든 마음을 다 쏟아 나의 죄를 용서받고 싶습니다
비가 모든 것을 깨끗이 씻어주고
만물을 촉촉이 적셔주는 것처럼
주님 앞에서 흘린 눈물은
나의 마음을 깨끗하고 맑게 합니다
삶에 지쳐 힘들 때 제 설움에 울지 말고

주님 앞에 모든 것을 맡기며 기도하기를 원합니다

오, 주님!
주님께 드릴 눈물이 있음은
나의 마음을 주님께서 인도해주시기 때문입니다
하늘을 향한 그리움이 있는 사람은 눈물이 있습니다
살아가는 동안 주님 앞에 설 때
눈물이 젖는 은혜가 있기를 원합니다
눈물 속에 은혜가 넘치고 사랑이 넘칩니다
가족들과 이웃들에게 아픔이 있을 때
함께 울고 함께 웃을 수 있는 마음을 주시기를 원합니다
나의 마음이 주님 앞에 활짝 열려 있기를 원합니다
주님의 무한한 은혜를 충만히 받기를 원합니다
기도할 때마다 나의 마음이
주님께로 향하기를 원합니다
눈물 속에는 주님의 은혜가 가득 있습니다

사랑하는 사람을 위한 기도

—

개정판 2쇄 2008년 12월 15일
지은이 용혜원
펴낸이 김영재
펴낸곳 책만드는집

주소 서울 마포구 합정동 428-49번지 4층 (121-886)
전화 3142-1585·6
팩스 336-8908
전자우편 chaekjip@chol.com
출판등록 1994년 1월 13일 제10-927호
ⓒ 용혜원, 2008

—

지은이와의 협약에 의해 인지를 따로 붙이지 않습니다.
잘못된 책은 구입하신 서점에서 바꾸어드립니다.

ISBN 978-89-7944-281-6 (04230)
ISBN 978-89-7944-279-3 (전3권)

이 도서의 국립중앙도서관 출판시도서목록(CIP)은 e-CIP
홈페이지(http : ///www.nl.go.kr/cip.php)에서 이용하실 수 있습니다.
(CIP제어번호 : CIP2008000893)